40 DÍAS EN COMA

Un Viaje REDONDO

¡Un Viaje MARAVILLOSO!

Daniel Sisto Rico

Un Viaje REDONDO

¡Un Viaje MARAVILLOSO!

Daniel Sisto Rico (danisisto@yahoo.es)
Ha dedicado largos años a la meditación y espiritualidad.
Desde hace poco tiempo, se encuentra
también entre las personas que pueden dar testimonio
de ECM (Experiencia Cercana a la Muerte). 

TÍTULO: UN VIAJE REDONDO

© Daniel Sisto Rico

© Un Viaje Redondo

ISBN papel: 978-84-686-6352-4

ISBN pdf: 978-84-686-6353-1

Diseño de cubierta y maquetación: Álvaro Yanes

Primera edición: enero 2015

Segunda edición: marzo 2015

Impreso en España

Editado por Bubok Publishing S.L.

A Dios, que Es Nosotros

Índice

Introducción. Racionalismo versus espiritualidad 13

PARTE 0 – LA VIDA AHORA

Capítulo 1. La gallinita ciega (La Gran Medicina) 18

PARTE I – EL CONTEXTO

Capítulo 2. El señor Toti 23

PARTE II – EL VIAJE

Capítulo 3. Encuentros en la Cuarta Dimensión 27

Capítulo 4. El vuelo de las Pompas 29

Capítulo 5. Harmonía. La experiencia musical 33

PARTE III – ASUNCIÓN

Capítulo 6. De vuelta a este mundo: Estado de Ánima 39

Capítulo 7. ¡Transbordador! 41

Capítulo 8. De película, Trinidad (y más) 43

PARTE IV – COMPRENSIÓN

Capítulo 9. ¿Cómo entenderlo?.................................. 51

Capítulo 10. La Gran Dimensión 53

Capítulo 11. Los hijos del uno (La experiencia numérica).... 59

Capítulo 12. Mentenautas: Los Habitantes del Éxito............ 63

Capítulo 13. Abundancia 69

Capítulo 14. Realeza 73

Capítulo 15. Juguetes por la alfombra 77

Capítulo 16. El billete multicine................................. 79

Capítulo 17. Libertad, conocimiento y Conocimiento........... 81

Capítulo 18. Cristo, Boddhisatva y los fracasados

          (juegan al escondite) 85

Capítulo 19. Soledad (1) y separación (2 o más)..................... 87

Capítulo 20. Rendición y abandono.......................... 89

Capítulo 21. Esencia (1) y experiencia (2 o más) 91

Capítulo 22. ¿Crees en los Reyes Magos?

          (Más regalos de los Hermanos)..................... 93

Capítulo 23. Recta y Curva: El ocaso de la causa 97

Capítulo 24. El As de Corazones: Tienes un compromiso.... 99

Epílogo. Presente continuo: Valer Siendo 101

Anexo I. Sobre el "Señor Toti" 109

Agradecimientos 111

Referencias.. 112

Este libro nos brinda la oportunidad de acercarnos a las grandes preguntas del ser humano, abrirnos a la Espiritualidad, acompañar a quien se encuentra en una situación crítica y comprender mejor tanto el sufrimiento humano como su virtud.

Introducción

Racionalismo versus espiritualidad

Querida lectora, querido lector:

Ambos, tú y yo, hemos sido criados, educados e in-formados en el seno de una cultura caracterizada por el *racionalismo*, que consiste en concebir la *realidad* como *dependiente* de la razón, pensamiento o intelecto.

Partamos de nuestras raíces grecolatinas (*idealismo* de Platón, *causalidad* de Aristóteles...), pasando por la *moralidad dualista* judeo-cristiana, hasta llegar a René Descartes, padre del pensamiento occidental actual y artífice del *"cogito ergo sum"* (esto es, "conozco, pienso, luego soy"), para ir contextualizando nuestra partida y para entender mejor nuestra reacción ante lo que vamos a leer.

Esta es una historia de Aventuras. Buenaventuras, diría yo.

También, tanto en la nuestra como en otras culturas, entendemos "aventuras" como algo compuesto por hazañas, peligros, mucha acción y seres y lugares desconocidos o sorprendentes. Ninguno de estos ingredientes falta en este manjar. Sólo que **no** se trata de ficción literaria **ni** fantasía.

L@s más *racionalistas* de entre nosotr@s considerarán lo que os voy a contar como desvaríos de un pobre loco: "pobrecito, el accidente le debió afectar a su sano juicio" -dirán. Y no se equivocan; desde que estuve en *coma* he dejado de juzgar, y si me sucede, no le doy la más mínima importancia.

Lo de estas personas tampoco me preocupa. Se trata de poca fe. Nada grave.

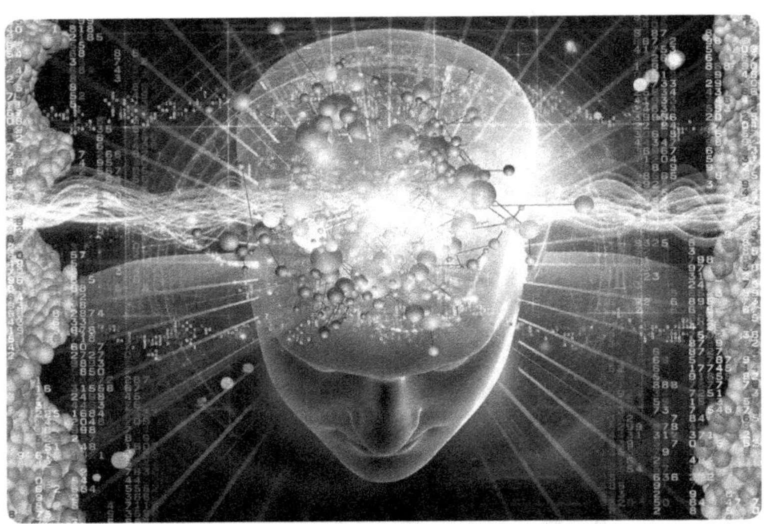

El colectivo científico-médico define *estado de coma* como un estado psico-fisiológico de latencia. Las constantes vitales se reducen a mínimos o son inexistentes. El organismo vive apenas en sus células y en no todos los órganos y tejidos. El sistema nervioso central no da señales de actividad o son muy bajas. Se podría decir "un vegetal", "encefalograma plano", o casi.

Como copartícipes de una cultura donde impera el paradigma racionalista, podríamos decir sin temor a equivocarnos: "no piensa, luego, no es".

Bien. Pues esta historia nos cuenta que *es posible ser sin pensar.* Que incluso se puede vivir un *maravilloso* y *redondo* periplo por mundos fascinantes y desconocidos, con asombrosa claridad de consciencia, y recordarlo después para poderlo contar, cuando el sistema nervioso central (soporte fisiológico en el que Occidente ha depositado tantas expectativas de consciencia), no da (o da muy pocas) señales de "vida".

¿Estamos preparad@s?, ¿encendemos motores?, pues... ¡allá va!

Parte 0

LA VIDA AHORA

CAPÍTULO 1

La gallinita ciega
(La Gran Medicina)

Hoy, nueve meses después del viaje, estuve jugando a la *gallinita ciega* con mi hija.

"¡Gallinita, Gallinita! si no encuentras la aguja y el hilo, da tres vueltas" -dice la niña, excelente maestra de ceremonias, con claridad y contundencia; a la vez que me toma de la mano para hacerme girar. (Una bufanda me tapa los ojos)

¡Nunca en su vida había este hombre disfrutado tanto!

Me siento, en verdad, un hombre nuevo; más sencillo, feliz y cariñoso.

Ahora ya puedo jugar totalmente; sin distracciones. Ya, por fin, soy gente total, más cercano a Dios, que *Toma Ahora y Siempre,* por cercanía, forma y espíritu de una niña, mi hija. Y de mí.

Vivo ahora mucho más cercano a la magia sencilla y tierna del Espíritu.

Gracias siempre, Altísim@, por la experiencia con todas sus formas; por todo lo que nos está pasando.

Y sobre todo, por Aquello que NUNCA PASA.

Creo que quiero decir:

GRACIAS A DIOS

PARTE I

EL CONTEXTO

CAPÍTULO 2

El señor Toti

El señor Toti era un hombre de mediana edad, padre de una niña de cinco años. De profesión terapeuta manual (masajista), y profesor de actividades físicas y trabajos corporales para adultos. Habiéndose licenciado en educación física hacía ya más de veinte años se hace comprensible su vocación y oficio.

En su coche, se desplazaba entre dos pequeñas ciudades gallegas para hacer sus trabajos.

El señor Toti se encontraba también -cosa bastante común en estos tiempos-, en proceso de separación de su pareja y madre de la niña. Estas cosas no son agradables para nadie y a veces, perjudican de modo importante a los niños, si no hay adultos que asuman por sí mismos soportar el dolor generado.

Sin saberlo, el señor Toti lo hizo.

Lo que tampoco sabía el señor Toti es lo que su cuerpo podría soportar sin perder su integridad.

Queridos lectora y lector, quisiera dejar claro ahora (para evitar interpretaciones), que aunque pueda parecerlo, estoy convencido de que su situación personal no fue, bajo ningún concepto, causa ni agravante de lo que le pasó. En este momento, puedo afirmar rotundamente que no es la causalidad asunto de mi devoción.

Un día como muchos otros, el señor Toti dejó a su hija en el autobús de la escuela y acto seguido se dirigió a la piscina antes ir a trabajar. Lo dicho... vida sana ...

Una vez hubo nadado lo acostumbrado, ya en el vestuario, se empezó a encontrar extraño; respiró hondo varias veces y deambuló de un lado a otro buscando sentirse mejor. Entre sus compañeros de vestuario se encontraba un hombre entrenado en primeros auxilios, profesional del servicio de urgencias 061.

Cuando el señor Toti entró en la ambulancia lo hizo también en estado de *coma*. Se trataba de una hemorragia cerebral del tamaño de una naranja.

Cuarenta días después regresaba del extraño viaje que ahora te empiezo a contar...

¡Buen viaje, señor Toti!

PARTE II

EL VIAJE

CAPÍTULO 3

Encuentros en la Cuarta Dimensión

omienza esta experiencia con imágenes de ensueño. Se trata pues, ...de imaginar. Te quiero hablar de pequeños encuentros en lugares y tiempos paradisíacos, que viví de forma mantenida a lo largo del viaje pluridimensional, durante cuarenta días de la Tierra.

Encuentros en Ávalon con amigas de todas las edades, con cielos plateados y neblina por el suelo. Suaves y sencillas palabras de afecto y simpatía.

Encuentros en Camelot con amigos de todas las edades, con sol radiante y claro, abrazos calmados y pacientes, y cálido sentimiento de leal hermandad.

Algunas y algunos de ellos me contaron -a este lado del mundo y meses después de mi regreso-, las mismas escenas vividas desde su corazón, mientras soñaban o meditaban durante los días que duró mi viaje.

CAPÍTULO 4

El vuelo de las Pompas

Atravesábamos un aire cristalino. Más o menos una milla por debajo de nosotros se extendían prados, setos y zonas de cultivo, salpicados de pequeñas urbanizaciones.

Los vehículos eran grandes burbujas, como pompas de jabón en las que cabían unos cuantos tripulantes, que llevaban a un pasajero. Yo les llamaba "Hermanos Mayores". Cuando les hablaba, sin dejar de pilotar, me miraban sobrios y comprensivos, dibujando una leve sonrisa.

Entre las nubes y ante nosotros se Abrió el Cielo Inmenso y Dorado. En *Su Presencia*, ¡sentía tanto Amor y Compasión!

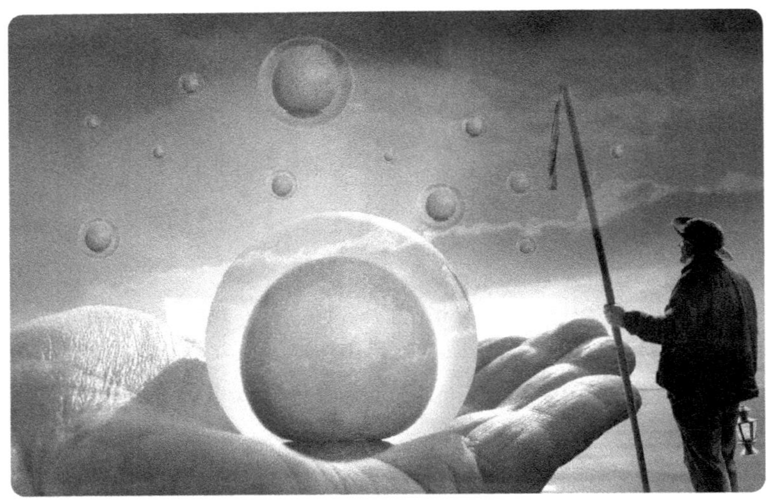

Entonces dije: "sé que es *ahí* a donde vamos todos, pero yo soy gente, y siento un gran amor por la gente, mis hermanos de la Tierra; por favor, ¿podríamos ir allí?"

No era tan fuerte el miedo a aquel *Abismo Misterioso* como el *Profundo Amor* que sentía por la totalidad del género humano sin distinciones. Desde entonces estoy seguro que *Nosotros* somos también *Divinidad*; desde entonces, para mí, Dios está visible siempre en los ojos de la gente.

La pompa que me llevaba dio la vuelta; otras también lo hacían, mientras algunas mantenían su rumbo hacia la Luz.

El móvil sonó y atendí la llamada: una enfermera del hospital me decía que regresara, que allí me estaban esperando. Cogí mi coche y allá fui.

Al llegar, alguien me dijo que en coche era mejor entrar por *urgencias*. Así lo hice.

Como algun@s ya supondrán, el viaje en coche fue también en modo extracorpóreo. Es de lo que trata esta historia.

Un señor con bata blanca, muy amable y familiar, me recibió con un: "¡Hola, bienvenido!". Era el médico de cuidados intensivos, que me asistía en "el despertar"... La vida es sueño y los sueños, sueños son.

Por *Otro Lado*, nunca en mi vida había estado tan despierto.

Había tocado la *Puerta del Cielo*, cuyo Lenguaje está ya fuera del alcance de nuestra mente ordinaria.

En muy poco tiempo, recibí visitas de familiares y amigos. Se habían hecho círculos de meditación en distantes lugares, motivados por lo que me estaba pasando. Sin duda, su amor me conmovió para pedir el regreso.

Al verlos, en el hospital, yo decía para mí: "mira, Daniel, *la Gente*", y lloraba y reía con ellos de alegría, ternura, dicha.

Meses más tarde, tuve la oportunidad de visitar otra vez el mismo hospital y comprobar que el viaje del alma había sido correcto. Ella conocía la entrada de urgencias aunque, según los informes médicos, el paciente estaba inconsciente cuando la ambulancia lo llevó por allí.

CAPÍTULO 5

Harmonía. La experiencia musical

A medida que recobraba el *estado de consciencia ordinario*, tras el *coma*, me iba acordando de haber vivido experiencias distintas; unas similares a la vida ordinaria y otras extraordinarias. Era como si lo hubiese soñado. ¿Es que no "soñamos" lo que creemos realidad?

Un muestreo de realidades posibles.

Imaginad que sois músicos. Pues bien; una por una, esas experiencias lineales u ordinarias, similares a la vida "normal", habían sido una muestra arpegiada[1] de notas del acorde Multidimensional, ¿Dios?

Pero mi mente intentó ordenarlas en secuencia de *tiempo lineal* - ¿Cuál fue antes, cuál después?- Incluso en relación a la *causalidad* -¿Cuál motivó a cuál?

Imposible. Por fortuna me quedaba la *intuición*: algo me decía que ¡habían ocurrido todas a la vez!

La explicación es, como siempre, muy simple:

El cuerpo-mente alcanza, desde su concreción, tan sólo a vivir según como fue construido: para operar en 3D con tiempo lineal (unas cosas primero, otras cosas después). Una vez que ascendemos a niveles de vibración superiores (las tensiones del acorde, en música) pasamos del acorde tríada, 3D, 3 notas, al cuatríada (acorde con séptima) donde empieza el *espacio del alma* e impera el sentimiento (el avión se tambalea mientras atraviesa las nubes…), y así, sumando niveles, hasta polifonía de más de veinte notas, a partir de la cual empieza el *Radiante Silencio Prístino del Espíritu:* la Harmonía Universal. El acorde con todas sus tensiones tímbricas: El *Máximo Potencial* de Realidades posibles: Y otra vez ¿Dios?

---

1. El arpegio (pronunciado: arpéjio) (del italiano *arpeggiare*: tocar el "arpa") es una manera de ejecutar los tonos de un acorde: en vez de tocarlos de manera simultánea, se hacen oír en sucesión rápida, generalmente del más grave al más agudo. (De *Wikipedia*).

Niña de seis años: Rey del Sonido

PARTE III

ASUNCIÓN

CAPÍTULO 6

De vuelta en este mundo: Estado de Ánima

Los seres humanos, en estado ordinario, solemos llorar para descargar, desahogarnos, de dentro para fuera. (Trabajaba en esto: sesiones de descarga de estrés por medio del cuerpo).

Ahora, después del viaje, lloro *de fuera para dentro*: me invade una *inmensa ola* de Amor, Compasión y Éxtasis, empiezo a vibrar en una frecuencia altísima y lloro.

Empiezo a vislumbrar el estado de samadhi[1] o énstasis[2], de yoguis y yoguinis.

---

1   El *samādhi* es un estado de conciencia de 'meditación','contemplación' o 'recogimiento'en la que el meditante siente que alcanza la unidad con lo divino. (*Wikipedia*).

2   El escritor Mircea Eliade (1907-1986), en su estudio de las religiones orientales, ha evitado traducir la palabra samadhi como 'éxtasis', ya que afirma que el concepto del samadhi implica un «ensimismamiento» por el cual el sujeto se identifica con Dios; por ello ha elaborado el neologismo énstasis. (De *Wikipedia*).

En ese momento, Teresa de Ávila, Juan de la Cruz, Francisco de Asis... ponen su mano en mi hombro.

Pequeña experiencia mística:

> *Aquí, sentado (en la habitación),*
> *soy una colina.*
> *Las nubes, mis pensamientos,*
> *El horizonte, mi Corazón,*
> *las olas del mar son mi aliento,*
> *la orilla mi sonrisa plácida.*
> *Mi vientre es la tierra profunda...*
> *Mi Vientre, la Tierra Profunda*

¡Transbordador!

Seguramente sabrás que los transbordadores que envían las agencias espaciales, como la NASA, a orbitar la tierra desde el espacio (y a trabajos experimentales y de mantenimiento a las estaciones espaciales y a los satélites artificiales), se incendian al entrar de nuevo en la atmósfera terrestre, por la fricción del casco contra los gases atmosféricos y por el cambio de presión que experimenta la nave al acercarse a gran velocidad al campo gravitatorio del planeta. Sus estructuras están fabricadas para soportar este fenómeno, y los astronautas entrenados para tal fin.

Esta podría ser una forma muy pictórica de expresar cómo se siente alguien al regresar de un viaje *más allá* de los límites del mundo conocido: La nave (el cuerpo) hecha trizas; la tripulación subyugada de *asombro* y *experiencia*, y henchida de una *nueva concepción* del mundo. Hemos oído historias de astronautas que, después de haber visto la Tierra desde el espacio, se transformaron en vehementes y comprometidos ecologistas.

Claro está que, por otro lado, y desde la razón, también cabe el argumento: "Tío: has tenido una hemorragia cerebral, te has quedado tocado de la mente y ahora te crees astronauta".

Le diría a ese *cerebro perfecto*: "-Es usted un *cerebro perfecto*".

"- Lo sé porque sus palabras me han sentado como un jarro de agua fría. La verdad, me alegro mucho de no estar tan "bien" como usted. Además, también creo en los Reyes Magos y en Papá Noel".

¡Feliz Navidad a tod@s!

¡Todos los días!

CAPÍTULO 8

De película, Trinidad (y más)

En la parte 0 de este libro hemos leído sobre el encuentro entre una niña y su padre, una especie de resucitado "de entre los muertos".

Aprovecho la ocasión ahora para referirme a dos largometrajes, bastante conocidos, que tratan sobre el tema: Son "El Sexto sentido"[1] y "Los Otros"[2], de Alejandro Amenábar. Ambos, llevados a la gran pantalla en un tiempo muy próximo, tratan sobre la capacidad de los niños para comunicarse con almas que han cambiado de dimensión (la mente ordinaria diría que "murieron") y, a la vez, de la cautiva[3] capacidad de los adultos, debido a su "conocimiento" apegado al tonal, para reconocer esta posibilidad:

TODOS MUERTOS.

Esto es: ¿Cómo sabes que no estás muert@, mientras lees este libro? puede que no lo estés, que no quieras aceptarlo, o que aún no te hayas dado cuenta.

---

1   http://es.wikipedia.org/wiki/The_Sixth_Sense
2   http://es.wikipedia.org/wiki/Los_otros_%28pel%C3%ADcula%29
3   En gallego, uno de los significados de "cautivo" es: 'pequeño'.

Puede ser, como cuentan algunas tradiciones, que este mundo el cual muchas personas consideran la realidad, no sea más que el sueño de un dios, un alma grande que nos abarque a tod@s en su consciencia, o que seas tú, amad@ lector@, un alma lo bastante grande para estar soñando este mundo, incluido su *misterio*, en este momento.

Ahora, en la vida cotidiana, a veces siento como si no fuese ya de este mundo, como si *mi turno en el columpio* hubiese pasado ya. No tanto porque deseara estar desconectado de él (estoy aquí porque mi corazón lo pidió), sino porque abundan las ocasiones en las que percibo que las personas, y la sociedad en su conjunto, pasan de largo, como si yo no existiera, como si no se diesen cuenta de mi, ni unos de otros. Esto me llevó, en frecuentes ocasiones, a plantearme seriamente *el hecho de haber muerto*, de estar en un nivel vibratorio distinto del que mueve el mundo al que en su momento supliqué regresar. Hemos leído sobre este tema en la parte 2 de este libro (*El Viaje*) y lo haremos con más profundidad en la parte 4 (*Comprensión*).

Pues bien, el proceso que te cuento consiste en lo siguiente: al empezar a ser consciente de la *posibilidad de haber muerto*, surge una nueva cuestión, que es *puerta a una nueva dimensión:* si es verdad que estoy muerto, en "otro mundo", al ver a la gente, relacionarme con ella, empiezo a sentir la posibilidad de que esa gente, (tú también, amad@ lector@) esté *tan muerta como yo.*

Esto es lo mismo que decir que *la muerte no existe*, tal y como la mente ordinaria lo "sabe", o cree saber. ¿Cómo va a existir?, si puedes leer este libro...

¡Respiras mientras lo lees!

Respiramos incluso mientras tu mente y la mía buscan razones para preocuparse por el mañana o añorar el ayer...

Incluso aunque la muerte exista, por lo menos estamos siendo testigos de que *los muertos,* de todos modos, conservan el *sentido del humor.*

¡Y pueden escribir libros!

¡Bienvenid@ al Club[4] de la **3ª película** de hoy!... ¿La conoces?

Adivina adivinanza...

Y dí ahora conmigo:

¡Carpe Diem!

---

4   http://es.wikipedia.org/wiki/Dead_Poets_Society

4ª Película: El Planeta de los Simios[5]

En la película, ya un clásico muy versionado, "El planeta de los simios" (me refiero a la versión que recuerdo más antigua, la protagonizada por el actor Charlton Heston), un grupo de astronautas aterrizan en un misterioso planeta dominado por una raza de simios humanoides que había reducido a la especie humana a una grea de ganado para servirles como fuente de energía, trabajo y alimento.

Después de muchos tira y aflojas con los tiránicos y a veces empáticos simios, el protagonista consigue acceder a una zona que éstos habían preservado de los humanos: una zona prohibida. Al adentrarse en ella (el paisaje es una playa) puede ver, no sin asombro, que "algo" sobresale de la arena en la rompiente: la estatua de la libertad.

Habían estado *viajando en la dimensión temporal.* La historia se fundamenta en el hecho, ahora conocido por muchos, de que viajando a velocidades *próximas a la luz,* el tiempo (y quién sabe cuantas dimensiones más) se deforma, de modo que lo que es unos días para l@s viajer@s son años, o siglos, para los que se quedaron (valga como ejemplo).

¡Se encontraba en el planeta Tierra otra vez! tanto tiempo después como les había llevado a los simios ser ahora los amos.

Pongo como sugerencia esta (cuarta) película porque define muy bien lo que por momentos puede sentir alguien *fracasad@*[6],

---

5   http://es.wikipedia.org/wiki/El_planeta_de_los_simios_%28pel%C3%ADcula_de_1968%29

6   Se verá el significado de la palabra fracasa@ en la Parte IV

resucitad@ de entre los muertos, alguien que regresa de haber visto la Luz.

En la Luz Todo es *Inmenso*. Cuando bajas de Ella, tu sensibilidad es abrumadora, tanto para lo agradable como para lo que no lo es. Puedes ver como el buho, oyes como el gato, tiemblas con lo bello... un estornudo es para ti un terremoto, sunami incluido.

La Luz Amplifica todo. Cuando brilla el Sol, la sombra es más oscura. Ésto lo saben l@s fotógraf@s, en las formas, y la gente sabia, en La Vida Toda.

5ª Película: El Señor de los Anillos, parte tres: El Retorno del Rey[7]: (Aragorn y los muertos)

En esta película, Trancos, el montaraz, vagabundo, el sin hogar, sin linaje, asume su *realeza* (ver cap 14) y se transforma en Aragorn, el rey.

Al hacer esto ya puede negociar y por tanto, aliarse, con el ejército de muertos vivientes (nor alive, nor death) que siempre vencen porque ya no pueden morir (ya están muertos).

Son ellos, Aragorn y los muertos, los que dan fin a los, hasta el momento, imbatidos ejércitos de Sauron, el Señor Oscuro, Rey de la inconsciencia (oscuridad).

---

7   http://es.wikipedia.org/wiki/El_Se%C3%B1or_de_los_Anillos:_el_retorno_del_Rey

De esta forma nos cuenta el autor literario de la obra cómo, al *asumir* nuestra realeza, ser Reales, podemos burlar a la mismísima muerte: liderar, si es preciso, a todo un ejército de muertos, antepasados, de linaje. Madurar, en definitiva.

¿Te apuntas?

"¡El rey ha muerto! ¡Viva el Rey!"

Parte IV

COMPRENSIÓN

CAPÍTULO 9

¿Cómo entenderlo?

Ya vuelto del Viaje, no tenía palabras para expresar esto, porque no hay palabras. Pero ahora, siete meses después, está en mi corazón. A veces lloro repentinamente y tiemblo de amor y énstasis. Todo lo que puedo decir es que siento que las palabras concretan, El Cielo Discreta.

Dios Bendito nos Ama. No hay nada que hacer; sólo El Hacedor Hace.

Dios es a la vez suma de todos nosotros y una Unidad aún Mayor.

Nuestra *elección* es abrazar a Dios o aferrarnos al espejismo de la separación, el sentimiento de falta de valor y el esfuerzo.

Esto, *la elección*, **no es** algo que sucedió o sucederá, sino que es un continuo presente. La Eterna co-creación del Nuevo Mundo.

CAPÍTULO 10

La Gran Dimensión

*D*imensión se refiere a "mens" o mente. Es lo que alcanza la mente. Lo que se puede mensurar o medir.

Medir es, por lo tanto, sinónimo de mentir.

Conjugaré en gallego, idioma que conserva casi intacta la raíz del latín, el singular del presente del verbo mentir:

Minto, mentes, mente ...

Gran Dimensión es una paradoja. Es inmensa, lo cual significa "sin medida". Yo le llamo "Gran Dimensión", no porque sea grande (no se puede medir), sino porque siento que para comprenderla hacen falta consciencias ciertamente expandidas.

La Gran Dimensión (podéis llamarle Dios, Alá, Tao…) está fuera del alcance de la mente ordinaria, por eso a Ella no llega la mens-ura, no llega la ment-ira.

Ella Es la Verdad.

Profetas y místic@s nos lo han hecho ver una y otra vez a lo largo de la historia. Por lo visto, necesitamos que se nos muestre hasta el fin de la experiencia humana. Si es que lo hay.

Ella es a la vez la Nada y la Unidad. Nada porque está más allá de nuestra comprensión, de lo conocido, y Unidad porque alberga en su seno la Totalidad de los mundos, unidos; de realidades posibles, paralelas, convergentes o divergentes. Es el máximo potencial, el máximo poder ser y poder existir.

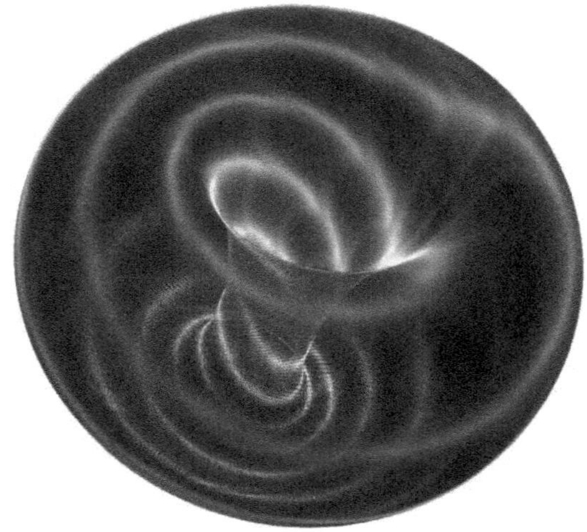

De Ella nace todo lo, en mayor o menor medida, mensurable. Desde la 1D, lineal; la 2D, el plano; la 3D, el espacio (con tiempo lineal sería 3/1=3, la nuestra); después la 4D y así sumando probabilidades hasta la Gran Dimensión. Más allá de las limitaciones inherentes a los campos dimensionales concretos, creados para la *pequeña experiencia* de Dios (para compartir esta frase haced, por favor, un "pequeño" ejercicio de inocencia).

Puede que el juego en la Tierra; las nubes, el viento, los arroyos, ciudades, personas y tormentas, sean una perfecta representación virtual a imagen y semejanza de la Gran Dimensión ("lo que es Arriba es abajo"), que se reduce para adaptarse a nuestras diminutas mentes. Así de Compasivo es nuestro Padre Verdadero.

Reafirmo

Dimensión se refiere a "mens" o mente. Es lo que alcanza la mente. Lo que se puede mensurar o medir.

Medir es por lo tanto sinónimo de mentir.

Gran Dimensión es una *paradoja*. Es inmensa, lo cual significa "sin medida". Yo le llamo Gran Dimensión, no porque sea grande (no se puede medir), sino porque siento que para comprenderla hacen falta consciencias ciertamente expandidas.

Ella Está fuera del alcance de la mente ordinaria, limitada por los parámetros de la razón y los patrones de conducta biológicos y sociales, a los cuales, embriagados de orgullo, llamamos "valores" o "principios" (¡Por el amor de Dios...!)

A la Gran Dimensión, lo más acertado sería llamarle Nada o Máxima Capacidad, pues es todas las opciones a la vez: el jarrón vacío tiene más capacidad que el jarrón lleno; en él podemos meter más cosas. Es todas las di-mensiones y para-mensiones a la vez. El Máximo Potencial de realidades posibles, paralelas, convergentes y divergentes.

De Ella nace todo lo, en mayor o menor medida, *mensurable* y también lo *no mensurable*, por la mente humana; desde la opción más simple, puntual, la lineal, dos dimensiones (el plano), tres (el espacio que conocemos), cuatro, cinco (el avión atraviesa las nubes), y así, sobre el cielo, llega al vacío cósmico... y... a la Gran Dimensión.

Navegante del mundo antiguo, dime ¿hay mar detrás del horizonte?...

Dado que no lo sabes, dirás con razón: "nada, no hay nada". O, a modo profético, dirás: "Puede que monstruos, cosas misteriosas... ¡o tesoros inimaginables!"

El segundo navegante es, sin duda, mucho más divertido. Le encantaría a l@s niñ@s: es@s pequeñ@s maestr@s que van de la mano de Nuestro Creador.

Por eso nos gusta tanto ir de la mano de los niños. Creer que son sólo ellos los que necesitan una mano, la nuestra, es una de nuestras insignificantes y numerosas auto-mentiras.

CAPÍTULO 11

Los hijos del Uno

(La experiencia numérica)

Lo que vas a leer puede que te preste una nueva visión sobre la naturaleza, el comportamiento de la economía humana y sus momentos críticos, como el actual.

Hemos construido una sociedad basada en la dualidad. Y ello nos ha llevado a interpretar el significado del Valor (Absoluto, total e incomparable: "Vale") como "precio" (relativo siempre a algo, dependiente de la comparación, "más caro que", "más barato que", "mejor o peor que") y con ello hemos construido una economía dependiente de (condicionada por) las convenciones comparativas de cada momento.

Esta dependencia no afecta al Valor Real, pues no es comparativo.

El Valor, con Mayúscula, es el número 1. Es el número, de entre los que son "algo", más grande que existe.

Todos los números o cantidades son particiones del Todo Uno. Por tanto, cada vez más pequeños, en Realidad. Si corto el pastel en muchos trozos, serán trozos más pequeños. En menos trozos, serán más grandes.

Visto así, surge la pregunta: "¿Habremos estado, en los últimos años (para acabar en la actual depresión económica), cortando en muchos trozos el pastel?"

Visto esto, los precios o *valores minúscula*, quedan al descubierto como forma de perder progresivamente el contacto con el Uno, que Es Amor (unificación, el Valor Real).

O sea, *a mayor precio, menor Valor Real.*

Siento mucho que esto no le guste, mercader. No era mi intención disgustarle, sino contar lo que veo.

Nuestro ego, "imagen de mí", nace de la dualidad, con tendencia a moverse hacia la diversidad: parece que la tarea de esa ilusión llamada *ego* es apartarnos progresivamente de Dios... esparcir los juguetes por la alfombra. Luego, a *volver*, y ¡diviértanse!

Por esto podemos encontrar a alguien que "va de vuelta", un ego meditado, consciente, que ha entendido el juego y vuelve a casa, al Uno, otra vez. Alguien sabio; alguien que regresa al Origen. Si nuestro ego es un mapa, una representación virtual del mundo, el ego de la gente sabia, sería un *mapa del Todo Uno* (puede incluso que con tendencia a la No Representación).

Jesús es Cristo, aunque no el único:
Jesús es un hombre y Cristo una elección.

CAPÍTULO 12

Mentenautas:
Los Habitantes del Éxito

Algunos meses después del viaje, empecé a recibir visitas de los Hermanos Mayores.

En este capítulo les llamo "mentenautas", porque habla de su facultad de viajar a través de las mentes y a la vez de "aterrizar" en ellas; podríamos decir, "Mentalizar".

Te contaré el primer encuentro:

Habían pasado seis meses de mi viaje. En ese momento, me encontraba en mi ciudad natal, con mi "nave" (el cuerpo-mente) aún resentida por lo accidentado del inmenso vuelo.

Era verano. Bajé a tomar un café de sobremesa, a la terraza de la cafetería acostumbrada para momentos de ocio.

-"¿Sabes lo que es la Fe?" —escuché, cuando me disponía a tomar asiento en una de las mesas-. La voz venía por el lado izquierdo, el que se supone tenía disminuida su capacidad perceptiva por las características de la lesión. Curiosa manera de actuar, la de los Hermosos y Benditos ángeles, Maestros de la Ecuanimidad.

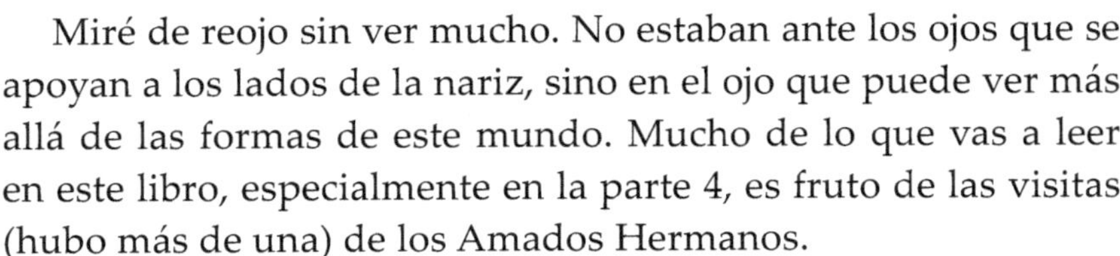

Miré de reojo sin ver mucho. No estaban ante los ojos que se apoyan a los lados de la nariz, sino en el ojo que puede ver más allá de las formas de este mundo. Mucho de lo que vas a leer en este libro, especialmente en la parte 4, es fruto de las visitas (hubo más de una) de los Amados Hermanos.

Uno de ellos tiene el aspecto de un joven africano, senegalés, malinés o nigeriano, como los que una y otra vez se aventuran a cruzar el estrecho arriesgando sus vidas a bordo de las pateras. Lo reconocí, pues había sido el piloto más accesible a mí durante el "vuelo de las pompas". Yo le tenía un enorme cariño y veneración. En alguna ocasión, sin pensarlo mucho (gracias a Dios), le llamé Baltasar.

Con frecuencia, antes del viaje, compartí con mi hija la cabalgata de los Reyes Magos. A la hora de sentarse en el regazo de un Rey, le tocaba siempre Baltasar. Su madre y yo comentábamos año tras año lo curioso de este hecho. Amig@ mí@, las casualidades no existen. Y esto para los "cerebritos": las *causalidades* ni siquiera son. Invito a quien sospeche que estoy loco, de nuevo, a ¡*estar seguro de que lo estoy*! Repito: ahora creo en la Magia.

Sin trucos.

(Los Hermanos Mayores)...

-"Venimos (eran varios), para ayudarte a comprender lo que te Está Pasando. Para ello te enseñaremos primero Nuestra Lengua: la Lengua con Mayúsculas. La lengua que tú conoces pertenece a uno de los pequeños mundos creados como campos experienciales de las almas; por tanto, es una lengua minúscula".

-"...Venimos, para empezar, con Regalos para tí y otros muchos: **Palabras con Mayúscula**":

La primera, la Fe

-"**Fe** es *Certeza de lo que Es Ahora* (aunque no lo sepas). Es la Curación de todo miedo".

"Es *Ser* independiente de saber".

La Esperanza

-"La **Esperanza** es *la Certeza del Éxito*".

Entiende Éxito con su significado más antiguo, de raíz. Viene del latín *exodus* (salida, viaje a otro lado), o *ex-item* "id a fuera, salid a fuera".

Éxito es *Salir de la jaula*: está abierta la puerta del corral y las gallinas se van de excursión por el bosque. *Éxito* es el único estado en el que podemos elegir.

-"Tú ya lo hiciste" -dice el Hermano- al tiempo que a mi mente llega el recuerdo del *vuelo de las pompas*, y a mi pecho un mar de lágrimas que asciende hasta los ojos y llueve generoso.

Alguien, al leer esto, pensará: "¡Pero yo... puedo elegir en mi día a día!". No. La elección es tan sólo una ilusión en los campos experienciales, en los cuales, por el bien de la experiencia, estamos condicionad@s, lo cual resta libertad.

Sin embargo, también es posible mantener en el "corral" el cuerpo-mente y otear el **Éxito** con el alma, sin desligarse del corral. No es condición -para poder *exitar*- el desprendimiento del alma. En el **Éxito** no hay condiciones: por eso en Él se puede elegir.

En los campos experienciales sí hay condiciones. Son las reglas del Juego, y por ello, dentro de la jaula no hay elección, no hay libertad: estamos condicionad@s. Pensamientos, creencias y adicciones son nuestros barrotes (aunque sean de oro y plata).

El Fracaso

Fracaso es el *movimiento especular* al *Éxito*, su reflejo: una de las gallinas, desde fuera, elige regresar al corral.

"**Fracaso** es la *elección crística*" -dice el Hermano.

(Yo continúo lacrimoso)

Acercándonos al significado original de *frater y casar...* – fracasar- es *ir a casa del hermano, casar con el hermano*: elegir el movimiento que va del Éxodo, al campo experiencial. En el sentido cristiano, sería *"bajar el cielo a la tierra"*. Aquellas almas que han conocido el **Éxito** y, desde *él*, deciden ir (ahora conscientes de ello) a la jaula otra vez.

La Biblia nos habla de esto en la parábola del hijo pródigo. En ella, un padre celebra el regreso de su hijo, que retorna fracasado de su viaje:

(El hermano del mozo increpa al padre):

-¿Y por qué a mí no me dedicas ninguna fiesta?, yo nunca me separé de tu lado.

-Por eso, hijo -responde el padre-. Como nunca te has ido, nunca has tenido la oportunidad de elegir regresar. La celebración **no** es por *tu hermano*, sino por su *elección de regresar*".

El aspecto de este movimiento, una vez de vuelta en el corral, puede tomar forma de lo que nosotros conocemos, con minúsculas, como *fracaso, via crucis o calvario.*

CAPÍTULO 13

Abundancia

Cuenta el Evangelio que estaba Jesús con los apóstoles en un templo. Un hombre rico dejó en donación muchas monedas, una anciana dejó muy pocas. Alguno de los apóstoles juzgó este hecho como falta de generosidad de la anciana. Por ello, Jesús les dijo: "vosotros creéis que la anciana dio menos y el hombre más. Tal y como yo lo veo, la anciana dio más y el hombre menos: *la una* Todo lo que tiene, y *el otro* tan sólo una pequeña parte de lo que tiene".

Hermosa manera, usó el Maestro, de enseñarnos el significado del Valor (el Todo Uno) y del precio (el ruidoso mucho).

Generosidad

Tal como lo veo ahora, la Generosidad **no es** dar parte de lo que tengo. *Dar todo lo que tengo* se aproxima, pero **aún no lo es.**

Ahora veo la **Generosidad** como *darnos a tod@s lo que Realmente Necesitamos*, y esto sucede en presencia de Dios.

Gratitud:

Gracias sin medida, Amada Divinidad,
por ofrecerme la Pobreza, menoscabo material,
por segar de mi camino los matorrales de la moneda.
Ahora ya no tengo nada que perder.
Ahora ya puedo darlo todo.
Ya no hay nada que me distraiga de Ti,
que me separe de tu Cálido Abrazo.

Tal como lo veo Ahora, **Abundancia** es la *herramienta divina para la creación de las formas de vida:* Los grandes, pocos, los pequeños, muchos.

Gracia es *comprensión de la Abundancia.* Es Justicia Divina. Hay de sobra para tod@s.

y...
¡Feliz Cumpleaños!
¡todos los días!

Realeza

Realidad es Realeza.

En muchos cuentos hay un Rey. Simboliza nuestro viaje en busca de lo Real, de hacernos conscientes. Y su poder, simboliza el Poder Ser Real.

El idioma inglés es certero al respecto. Por eso se ha extendido por el mundo: para que entendamos *Realize* (darse cuenta).

Realize

Venimos aquí no a *hacer* ni a *poder hacer*, sino a *Darnos Cuenta*. Este lado del mundo es una Escuela de Almas. Del mismo modo, "ser Capaz" **no** es *poder hacer*, sino *Poder Asumir, Poder Soportar*.

La Capacidad es Vacío. Lo que está lleno (esto pasa con la mente), ha perdido su capacidad. Visto así (al contrario de lo que nuestros intelectos tienden a pensar), el estado de pérdida de conocimiento lo es también de máxima capacidad mental. Esto lo podrás entender mejor si practicas meditación yóguica o Zen, o si has estado alguna vez en el umbral de la muerte.

La Realidad y el pequeño mundo

Todo lo que hay por resolver es el **pequeño mundo**: nuestra mente ordinaria, condicionada. El **Gran Mundo** es el *Todo Uno; el Universo.*

El pequeño mundo es un punto de vista, un apetitoso bocado para el sufrimiento, una experiencia irreal de separación.

El Gran Mundo es la Realidad. Es la suma de todo. Todo lo que hay. Todo lo que Es.

Felicidad

Se puede entender como *Licitar la Fe, Con-fiar.*

De igual modo, se puede entender **Profeta**, no tanto como *persona adivina,* sino como *quien profesa, licita, la Fe.*

Amad@ lector@:

Por el Bien de la Creación en Nosotr@s,

SÉ FELIZ

SÉ PROFETA

Me pregunto quién podría hacerme ver que lo que estoy viviendo a este lado del mundo es más real que lo vivido en Coma. Yo siento que no es más real. Una vez has visto la Gran Dimensión *-conjunción de todas las realidades-*, dejas de compararlas, dejas de priorizar unas sobre otras.

Ahora sé que todas son posibles; que en todas Es el Poder. La verdadera Realidad, la verdadera Realeza, Es *Poder Ser*.

CAPÍTULO 15

Juguetes por la alfombra

Como las mentes ordinarias están limitadas por los parámetros del campo experiencial, su alcance para comprender a Dios está también limitado. Por ello usan la imaginación y el pensamiento para verlo de alguna manera.

Algunas, como un riguroso justiciero dual que premia o castiga; otras como un bondadoso anciano... La gente de piel blanca como un hombre blanco sentado en el cielo; la de piel negra como una mujer negra sentada en la tierra.

Mi mente prefiere la imagen de un niño-niña jugando: el Niño Dios. ¿Y por qué no, si los niños están tan próximos al Cielo? Cuenta el Evangelio que Jesús dijo algo como:

> *"Dejad que los niños se acerquen a mí pues*
>
> *ellos son los próximos al Reino de los Cielos?"*

No, no me equivoco. Nos lo contaron de otra manera, pero intuyo que Jesús hablaba en *Tiempo Presente,* y no en *pasado-futuro* como nos lo contaron. Lo podéis comprobar en el *Evangelio según San Juan.*

Vamos allá...

Es mañana de Reyes. El niño Dios ha recibido como regalo una caja llena de pequeños juguetes (nosotros). Pleno de emoción, los esparce alegremente por la alfombra.

Existe el tiempo porque el esparcimiento es sólo temporal. Es *Redondo*, circular, de ida y vuelta. Salimos de Él y regresamos a Él (como las notas musicales alrededor del tono). Puede ser por esto que la música nos sea tan evocadora.

Él/Ella/Ello **es** *el Origen* y **es** *el Destino*. Es también *el Camino*.

Está con nosotros incluso en la separación, aguardando atent@ nuestras evoluciones.

Él está conmigo cuando me pierdo, cuando me enfado, cuando río y cuando lloro.

Está Ahora y Siempre con nosotros.
Vive a través de mí, de toda criatura, de ti.

No necesita una forma, aunque "Puede" (y Quiere) tener muchas. Él es la Fuente primera de Energía, Amor, Compasión y Luz. Él es a la vez, *Unidad y variedad; forma y no-forma.* Él es la *"y"*.

CAPÍTULO 16

El billete multicine

Imagínate que puedes entrar en un local multicine, y puedes acceder a todas las salas, sin orden de preferencia ni espacial ni cronológico.

Ese es el recuerdo, souvenir traído del Viaje Redondo a Coma, el fascinante país del Ser Misterioso. Y consiste en haber pasado por muchas vidas, tanto en modo actor como espectador, en algunas al completo, y en alguna otra... asomarme un poco:

"Vaya, aquí hay unas quince personas viendo una película de acción; y aquí ocho viendo una comedia romántica"... -y en otra-, "Aquí hay tres viendo la de Woody Allen, ¡con lo ingenioso que es!"...

Me explico: todas las películas se proyectan más o menos al mismo tiempo, mientras, el observador tiene la percepción de que unas han sido antes y otras después, porque fue él quien se estaba moviendo en el espacio-tiempo lineal. Eso nos pasa, sujetos a la mente ordinaria. Creemos que una vida va "antes" y otra "después". Y son *todas a la vez*.

Eternamente, están sucediendo cosas.

Desaferrarnos del espacio-tiempo lineal, es el billete "multicine". La Multirrealidad. Si no alcanzamos a comprender esto, asumamos que *"la comprensión no es requisito para la colaboración"* (de la película *The Matrix Reloaded*) y colaboremos desde la Fe.

Yo renuncio al conocimiento... Tú me Liberas de todo miedo.

¿Cómo traducir a palabras el lenguaje de la Eternidad? ¿Cómo "suena" el silencio? ¿Qué es la Nada? ¿Es posible Ser, sin espacio ni tiempo tal y como los conocemos? ¿Habrá aún más mar, más allá del horizonte?

Libertad, conocimiento y Conocimiento

El *Miedo* no es lo mismo que el *miedo*. *Miedo* es incomparable. Es Salto al Vacío. Un Éxito paradimensional.

El miedo –*minúscula*-, lo que comúnmente llamamos *miedo*, es la resistencia a ese Salto, aferrarse a lo conocido, al pequeño conocimiento (y esto es lo que duele). Lo dice el refranero (egoico):

> *"Más vale malo conocido que bueno por conocer", o «más vale pájaro en mano que un ciento volando».*

Lo dicho: sufrimiento en estado puro.

La **Libertad Real** es la *Total pérdida de conocimiento*.

Entendamos que el ***conocimiento*** –*minúscula*- es acopio de formas de pensar, sentir y hacer, acopio de patrones y condicionamientos. Veamos claramente que el conocimiento –*minúscula*- nos limita, nos resta libertad. Incluso la percepción de un@ mism@ como "libre" puede ser un patrón egoico de autoengaño: negación de la jaula dentro de la jaula. Otra forma de inconsciencia. Otra forma de *conocimiento.*

La **Libertad** *Real* es la *Total pérdida de conocimiento.* Esta frase la puede entender alguien que *ha meditado* mucho y, especialmente, alguien que haya tenido una ECM *(Experiencia Cercana a la Muerte).*

El Maestro Granjero del Cielo nos mete en la jaula (del conocimiento) para que podamos vivir la *experiencia "sin Dios".* Esto tiene *Sentido Perfecto* una vez que regresamos a Él.

La Biblia nos cuenta que la serpiente ofrece a Eva la manzana del árbol del conocimiento, lo que conduce a Eva y Adán[1], ambos, a la expulsión del Paraíso, en nuestro caso, de la Libertad.

Ahora es cuando alguien dirá: "Pero sin conocimiento, sin información, no se puede decidir, no se puede ser libre..."

Querido in-formado (in-*formar* es *meter la forma*):

Buda nos explica que lo que tiene forma es perecedero. Lo que no la tiene es Eterno...

---

1   Nota del autor. Significado antiguo: ambos.

La forma (y el conocimiento tiene forma), pertenece al *juego de la ilusión*, creada para ayudarnos a comprender lo que **es** *Real* y lo que *no lo es.*

Lo que tiene forma pertenece a lo *Real*, pero no nos muestra lo *Real*, porque la forma **no** está *Siempre Ahora*. Las flores son maestras de esto. Nos enseñan la *belleza del instante* (La Eternidad) y, a la vez, lo efímero de las formas, sujetas al paso del tiempo, dimensión esencial para la experiencia.

Cuando regresé del estado de Coma, la gente me decía: "cuéntame algo, ¿cómo estás?". Me pedían *forma* y yo, mirándoles a los ojos, temblando de amor (empapado por la No Forma), les decía: "No sé. No sé si tengo mucho que contar". "Lo que puedo asegurar es que *no la busqué:* La *Libertad* (la *pérdida de conocimiento*) vino a mí por sorpresa". Ella va y viene cuando ella quiere. Es Libre.

Es La Libertad.

CAPÍTULO 18

Cristo, Boddhisatva y los fracasados
(juegan al *escondite*)

En Occidente llamamos Cristo (del latín *'cruciato'*), o crucificado, al hombre, alma, que se *cruzó* en el camino de una sociedad corrupta y codiciosa hasta acabar torturado y asesinado, colgado de una cruz. Pintoresca manera de castigar (tenían los *imperativos* del momento) a quienes osaban *cruzarse* en su camino, cuestionar su "poder"...

En este libro, puedes apreciar que se usa *Cristo* con el sentido de *elegir bajar del cielo a la tierra;* los evangelios nos hablan de *sacrificio.* Es/son alma/s que eligen ser *vehículo de purga* de los pecados (cuyo sentido original tiene que ver con el *error,* **no** con la *maldad*).

En este libro también se incide en distinguir *Jesús como hombre* y *Cristo como elección* (potencialmente accesible a todas las almas: tú y yo podemos elegir ser Cristo, sin ser Jesús).

En Oriente, concretamente en el budismo, esto se conoce como Boddhisatva. Las almas que, desde el encuentro con la *Compasión Pura,* eligen purgar, liberar el *karma* (cuentas pendientes, asuntos por resolver) propio y de otros.

En este libro se usa para nombrar estos movimientos la palabra *Fracaso.* Ha quedado claro en capítulos anteriores que aquí, el significado de esta palabra no es el mismo que entendemos desde la mente ordinaria.

Pues bien, imaginemos que los niños *Cristo, Boddhisatva* y sus amigos, los *Niñ@s-Fracasad@s* (enfermos, nacidos en países en guerra o víctimas de tratos humillantes o violentos...), están jugando al *escondite:* "ahora **no** *te veo...*", "ahora *te veo...*". Súbitamente, uno de ellos *deja su escondite,* su *"no te veo"* (su *mentira,* su *falsedad,* su mundo ilusorio) y corre *Haciéndose Visible.* Antes que cualquier otro, llega al *Punto de Partida* y celebra, lleno de júbilo: "¡Por mí y por tod@s mis compañer@s!"

Esto es lo que en este libro se llama **Cristo**. Ha *Frat-casado.*

Hermoso ¿Verdad?

CAPÍTULO 19

Soledad (Uno) y separación (dos o más)

El bebé llora al sentirse separado. Su instinto, mente tonal, le dice que hay *más de uno*. Estoy yo, pequeño y expuesto a un posible peligro, y también está el/la adulto protector, la madre, padre u otro miembro de la manada. Esto es *separación*. Hay más de uno.

Cuando el bebé mama, juega o descansa en brazos de su madre, está en paz. Ambos son una unidad. Son sólo Uno. Esto es Soledad. Es Plenitud.

Es habitual que los místicos y buscadores de la espiritualidad (El Uno) se retiren de la sociedad para tener experiencias en soledad. Es muy importante entender que *Soledad* **no** es *separación*. Si Dios es algo, **es** *Todo Uno*. Es *Soledad* (el resto es Nada).

La *separación*, sin embargo, tiene que ver con *cómo nuestra mente percibe lo plural*. En las grandes metrópolis hay muchísima gente, mucha de la cual se siente *separada*. Por otro lado, en una tribu de nativos americanos, en lo más profundo de la selva amazónica, hay muy poca gente y sin embargo es poco probable que se sientan *separados*, pues su consciencia vive en *la unidad*. *"Somos tribu"*. Sus habitantes constituyen entre todos Una *Sola* cosa.

De nuevo, La *Soledad*.

Puedo llamarle La *Gran Compañía*. Espero que te guste.

Comprenderás esto al *meditar* lo suficiente, o si eres una persona con *experiencia cercana a la muerte*.

Algunas experiencias nos *cambian* significativamente la *forma de ver* el mundo. Ahora, tras el viaje, veo el *Amor* como el movimiento del *muchos* al *Uno*, como *Unificación*. A su imagen especular -*del Uno al muchos*-, la veo como *Compasión (sentimiento de hermandad con todas las formas, hacia lo diverso)*.

CAPÍTULO 20

Rendición y abandono

La **Rendición** es la *Elección Sublime* del alma humana. *El miedo* nos lleva a luchar o huir. El *Valor a Rendirnos*. Es *Entrega sin condiciones:* la guerra ha terminado, y con ella, el sufrimiento, el conflicto. Si hace falta... *"pongo la otra mejilla setenta veces siete".* Total, en Realidad, *nada que tenga forma puede hacerme daño,* porque no es real. Rendición **es** pues, *Unión con Dios.*

Considera la posibilidad de este significado: *Re-indición, Re-indicar.* En un libro, el índice es lo que nos *indica,* nos *orienta hacia el camino a seguir.* El dedo índice es el que usamos para señalar el camino. Te sugiero, entonces, que partamos de esta acepción: entender ***Rendición*** como el hecho de *recuperar El Camino, regresar al Origen, a Dios,* volver a casa. La ***Criatura divina*** *Recupera, Reindica* los juguetes que habían sido esparcidos por la alfombra. **Es** *cerrar el círculo de la experiencia,* **Es** la *Puerta de la Esencia.*

El **abandono** tiene que ver con el *dos* o más, con el juego experiencial. Si bien **Rendición** es, como hemos visto, *Unión*; el **abandono** tiene que ver con la *separación*. Con la *falta de Atención Real*.

Niños abandonados por sus progenitores, almas abandonadas por sus egos... ¿? En realidad, esto es solo apariencia, falsedad. Son los *egos* los que abandonan, sí, pero *a sí mismos*. Ni *l@s niñ@s* ni *las almas* pueden jamás ser abandonad@s porque *habitan en Dios*.

CAPÍTULO 21

Esencia (Uno) y experiencia (dos o más)

Puede que *"entender"* sea *el sentido de la vida.* Aunque **no** *"entender"* en el sentido intelectual, sino en el sentido de *Ampliar Consciencia.* La Consciencia *Respira.* Al hacerlo, se va ampliando poco a poco, como cuando un fuelle hincha una pelota. El vaivén de la experiencia -plural, aquí y allá-, va cargando poco a poco de potencia nuestra nave.

Destino: *La Esencia. El Uno.* El **no** *vaivén.* El *Radiante Silencio Prístino.*

Entender el sentido de la experiencia (pon ahora tu mano en el corazón, querid@ lector@) es *la puerta a la Esencia.*

Ya está; *Ya* **Es**. El juego, la práctica ha con-cluido. Se ha *Redondeado*. Es *Ya*. Es el Círculo. Es *Siempre Ahora.*

Bendición.

Tal como se puede ver en la *Gran Dimensión* (el billete multicine), ***Esencia y experiencia*** *son co-existentes;* no están separados, al igual que todos los mundos posibles, manifiestos o no. Seamos cautos con esto porque la mente humana ordinaria funciona con sistema binario (haciendo comparaciones, disyunciones). Para ella, una "realidad" niega la otra. En el sistema dual, no tiene cabida la totalidad: es "o esto, o aquello".

Ahora bien, *el juego,* la práctica, cabe en la Multidimensión. Cabe en el tiempo lineal (antes y después), en el volumétrico (varias probabilidades del *cuando*) y, a la vez, cabe en el *Siempre Ahora,* la dimensión *Esencial.*

CAPÍTULO 22

¿Crees en los Reyes Magos?
(Más Regalos de los Hermanos)

He aquí otra entrega de *Palabras con Mayúscula*. Lo son para mí, y no deseo imponerlas, sino *compartirlas* contigo. Las suelo recibir cuando atravieso momentos críticos. Es importante resaltar que si me las inventase no serían tan sorprendentes. Las mentes, aunque a veces lo parezcan, nunca son originales, salvo cuando sintonizan con el Origen (y esto sucede en las *experiencias cercanas a la muerte*).

Sí. En estado *ordinario*, las mentes **no** son *creativas*, son *ordenadas*: se *plagian* unas a otras, a veces de forma muy hábil: *mentiras* "bien elaboradas".

Vamos pues:

Humildad

Capacidad para ver claramente lo que es Grande y lo que es pequeño. (Esto nos pone en *nuestro sitio*. Nos ubica y nos *Da Sentido*).

Dignidad

Certeza de la *Ecuanimidad*. (Entendiendo *Ecuanimidad* según su significado más antigüo, es decir, de *equ-*, igual y *ánimi*, almas: "Lo mismo para todas las almas"). Un ejemplo: un niño aguarda (digno) su turno para usar el columpio, porque está seguro de que su espera *deja espacio y tiempo a otro* para su disfrute, y de que el otro esperará para dejárselo a él. "Hoy por tí, mañana por mí". Dios es Justo, no juez. Nos va dando a todas las almas la *experiencia que necesitamos en cada momento.*

Dignidad

Compasión

Sentimiento de *hermandad* con todas las *formas de vida*. No es lo que entendemos desde la mente ordinaria..."-Ay, ¡Pobrecito!"... Pues no. Eso es *soberbia, el más sufriente* de los *errores mentales.* No es Compasión. Es aprovechar la más mínima oportunidad para sentirse superior a costa del daño en el prójimo. La soberbia es muy común en sociedades que se han construido sobre los endebles cimientos *de la falta de Amor Verdadero,* como la sociedad occidental.

Caridad

Es *Acto Compasivo Multidimensional.* Es *actuar más allá de las formas:* en todas las realidades a la vez. Es comportarse viendo al *Rey en el mendigo,* a la *Salud en el doliente,* al Niño *Necesitado en el dirigente político,* a la mujer en el hombre y al hombre en la mujer, en todas las edades, en todos los mundos a la vez. Tomar la mano a la roca, al lodo del lago, al huevo, a la estrella, a la larva y al vacío.

Es:
Yo necesito ¡por Dios!

CAPÍTULO 23

Recta y Curva: El ocaso de la causa

A lo largo de este libro habrás notado que se hacen referencias al llamado "navegante del mundo antiguo". Utilizo ese personaje para ayudarnos a que tengamos presente que, al igual que los navegantes del mundo antiguo pensaban que la tierra era plana y el horizonte una gran catarata en la que finalizaba el mar, nosotros pensamos que el espacio-tiempo es lineal, que hay un antes y un después, una *causa*, y una *consecuencia* que se debe a ella. Con esta referencia te invito a considerar la posibilidad de que el espacio-tiempo se vea *lineal* tan sólo en nuestra mente ordinaria, y sea *Circular*, como lo es el mar, en la Realidad.

Un antiguo proverbio chino, conocido y practicado en el Tai-Chi, dice algo como: "Una recta es tan sólo un pequeño trozo de una gran curva". Te pido ahora que consideres la sabiduría en él contenida.

También viene al caso otro proverbio chino, que viene diciendo, hago ahora una versión: *"Cuando señalas a la luna, lo necio mira al dedo"*.

Pues bien, aprovechemos ambos, y ampliemos un poco más, si cabe, nuestra consciencia, tal como una *curva* es una *recta ampliada.*

Sigo la curva y... ¡Oh! ¡Pero si es Un Círculo!

Con-clusión. Ya Es.

Origen y *Destino* se funden en *Camino.*

Eternidad.

CAPÍTULO 24

As de Corazones: Tienes un compromiso

En el Juego de la vida, La Vida (Dios) Reparte las cartas.

Hemos de jugar con las cartas que a cada un@ nos han tocado.

Si te tocó el dos de picas, tienes un compromiso.

Si el As de Corazones, tienes un compromiso.

Las cartas no son un problema. Las cartas son *cartas*.

El problema es el problema.

Y el juego es el juego. O sea que...

¡A jugar!

La próxima vez, sigo la Luz

Y lo más próximo es Aquí Ahora:

Con Ello...

Tengo Un Compromiso

Epílogo

Presente continuo: Valer Siendo

Hemos construido una sociedad de frágiles cimientos, sobre el *sentimiento no reconocido* de falta de valor (*invalidación psicológica*).

Se suele decir que el loco no reconoce la locura. De igual modo, la persona o grupo *invalidado psicológicamente* lo está más, cuanto menos lo reconozca. Se l@s ve muy bien desde cierta distancia, porque levantan la barbilla, su sonrisa es tensa y a veces se cuelgan medallas en el pecho.

Desde esta forma de sufrimiento, el *sentimiento de carencia de valor*, originado en la *falta de Amor Verdadero*, se tiende a llamar "valor" a lo considerado como precio: *se le pone precio al valor*, ya sea por medio del dinero, esfuerzo u obediencia

Por favor, eduquemos a nuestros hijos desde la consciencia de este fenómeno.

La era del esfuerzo, acumulación de cosas preciadas, obediencia y prevalencia de unos sobre otros ha tocado a su fin.

L@s niñ@s del Nuevo Mundo ya **no** *serán preciados*, comprados por su obediencia o esfuerzo, porque ya nos hemos *dado cuenta* de lo que Es el Valor, de que el *Valor Es Amor;* de que el Valor no tiene precio.

EL VALOR

NO SE VENDE

"Lo que es Arriba es abajo"

Al escuchar esta frase, veo una montaña reflejada en un lago.

El agua del lago *refleja, re-indica,* todo lo que *Es Arriba,* aunque en imagen especular: *Los últimos* (abajo) *son los primeros* (Arriba). Y viceversa.

Esto tiene que ver con la *Ecuanimidad* (ya hemos visto cómo se maneja ese concepto en este libro). Como *las almas están sujetas al campo experiencial,* y este está definido por el espacio-tiempo, *la condición de las almas puede variar.* Estas variaciones quedan registradas en el Akash, o índice álmico.

Si no tenemos en cuenta la dimensión espacio-temporal, ya no se trata de Ecu-animidad. Estaríamos en la *Eternidad,* en el *Siempre Ahora.* La palabra sería *Ecuspírite,* en lugar de *Ecuánime.* Te propongo considerar a las *almas* como el *vehículo,* el *nexo* del que el espíritu dispone para *vincularse* a un determinado campo experiencial, a otro, o a muchos. Recuerda que *la experiencia* es también *multidimensional.*

Sobre el Purgatorio

El **purgatorio** es un proceso de *descarga de conocimiento*, para poder dotarnos de *Libertad, Potencia para el Amor* y para el cambio dimensional.

Nuestra cultura ha grabado a fuego en nuestras mentes condicionadas una idea trágica del purgatorio que nos infunde temor. *Purgar*, en Realidad, **no** es *sufrir*. Un ejemplo: de entre dos personas que han ingerido algo tóxico, sufre más *la que* **no** *vomita. La que lo hace, purga,* y eso la libera del tóxico. Nadie dice que no sea desagradable; suele serlo, pero tampoco dudamos de que sea *necesario*, incluso *liberador*. Pues eso, *el purgatorio* es simplemente *liberación:* deshacerse de lo viejo para *abrir la puerta a lo Nuevo.*

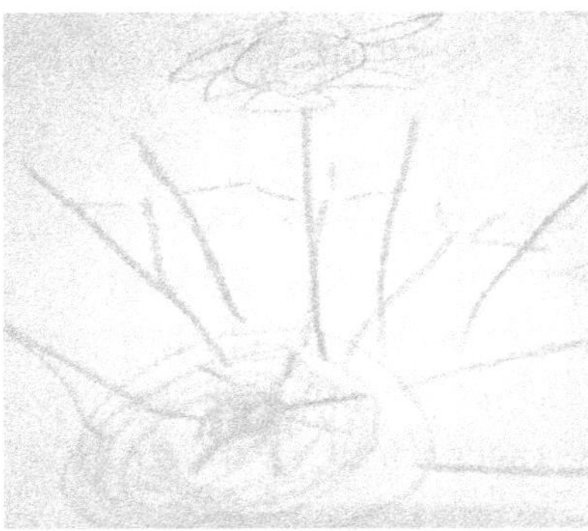

Niña de 6 años: Espíritu de la Luz

El *purgatorio* **no** es un espacio en un tiempo determinado (así es como nuestra mente ordinaria intenta imaginarlo). En Realidad, *es todo acto de purga.* Y esto sucede *en todas las vidas.* No sucede "después de morir" porque, obviamente, *la* *muerte no existe.* Nuestro ego quiere creer que sí existe, y no se equivoca, pues, como cosa ilusoria que es, él sí muere. Lo hace constantemente: *"Lo que tiene forma se transforma, es perecedero; lo que **no** la tiene es Eterno".*

Sobre el infierno

Podemos concebir **infierno** con el significado de "y si...", esto es: *una hipótesis.*

Esa hipótesis se manifiesta *a Todas Luces* como un *"y si no hay Dios..."*, *"y si no hay Consciencia, Unidad, Amor"*. ¡Desde luego que Hay todo eso! ¡Es Todo lo que Hay!

Bien. Entonces, suponer *(sub-poner) que **no** lo hay*, es esa *ilusión* llamada *infierno*. Al igual que *El Cielo,* o *el purgatorio,* el infierno **no** es un (otro) lugar-tiempo "a donde vamos si...". Esto son ment-iras.

La Madre Tierra purga su karma apasionada.

El *infierno* está potencialmente presente, al igual que *El Cielo* o el *purgatorio*. Es también componente de la *Multi-realidad*. El primero se presenta como *hipótesis*. el segundo como *Realidad Absoluta* y el tercero como *puerta que nos lleva del primero al segundo. De la ment-ira a La Verdad*.

En este momento estamos viendo que el infierno es una suerte de *negación de Dios*, de *negación de la Consciencia*, o, cuando menos, de cuestionarla: un *desafío... (deshacer la fé, "no me fío")*. Esto es sinónimo de *in-consciencia*. Y cuando nos referimos a la *inconsciencia*, es importante tener en cuenta que su *vehículo favorito* es el *conocimiento minúsculo*, el "mi conocimiento", acopio de patrones condicionados, que construyen el *pequeño mundo del pequeño ego*. Por fortuna, esto puede *purgarse*, como estamos viendo, a través de la meditación, experiencias vitales críticas y ECM *(Experiencias Cercanas a la Muerte)*.

Sobre la vida y la muerte

Navegante, has llegado al horizonte: Ahora ya sabes que ¡no lo hay! que *la Tierra es Redonda*, que *aquel abismo* que *suponías* que había, no era más que una *ilusión*.

Nada mejor que un *viaje al umbral de la muerte* para ver que **la muerte no existe**. Que **El Cielo es verlo**, y que **el infierno es suponer lo contrario...**

Amad@ lector/a, te propongo ahora una visión: *La Vida*, como un@ niñ@ que cruza un arroyo, saltando de piedra en piedra. Las piedras, soportan la vida por un tiempo: son las formas (de vida), nuestros cuerpos-mentes, herramientas de la experiencia (cruzar el río).

La Esencia, Es lo que Es: un/a *niñ@-Vida; Dios en..., a través de...* tod@s nosotr@s.

ANEXO I

Sobre el "Señor Toti"

En el momento en el que empiezo a escribir este libro, tengo el honor de conocer al *hamster* que mi hija cuida con afecto: Su nombre es Toti.

Cuando lo vi, tan *inocente* y atareado con sus sencillas maniobras de *supervivencia*, dentro de la jaula acogedora, vi a cualquier humano, como lo era éste que escribe, antes del viaje: *ocupado* de lleno por subsistir. Primitivo, sin pecado. Convencido de que aquella *jaula* es la *realidad*; el mundo entero.

Lo que quiero decir, no es que gracias al Viaje haya salido de la jaula, sino que en Él he recibido Regalos (ya sabes, de los Hermanos), de entre los cuales el más hermoso es una *pequeña Llave de Oro* que ahora, dentro y fuera de la jaula, llevo siempre colgada del cuello[1] y uso de vez en cuando por puro asombro y divertimento, como lo hace un niño, y no por utilidad, pues, gracias a Dios, es mágica, y por ello, no da resultados; sólo Misterio, Desconocimiento.

Salud.

Gracias a esa Llave, se han acabado las carreras compulsivas dentro de la ruedecilla (que lleva al hamster tan sólo a la ilusión del movimiento) como único recurso; ahora las carreras son también por los pasillos, a lo largo y ancho de un mundo más Amplio que la jaula acogedora:

Hola, Evolución.

---

[1]   La palabra clavícula viene de latín clave=llave

AGRADECIMIENTOS

A Álvaro Yanes por su inmensa colaboración en hacer posible y poderoso este libro y a mi hija Irene, la Gran Medicina.

Referencia a imágenes

Imágenes han sido obtenidas bajo la licencia creative commons en la web www.flickr.com con fecha de 11/01/2015.

Secciones:

Introducción
1- Creative commons licensed (BY) flickr photo by simpleinsomnia
https://www.flickr.com/photos/simpleinsomnia/11125348744
2- Creative commons licensed (BY) flickr photo by David Mitchell
https://www.flickr.com/photos/firstmac/5614029517

Capítulo 1
1- Creative commons licensed (BY-ND) flickr photo by Jamie Campbell
https://www.flickr.com/photos/jamiecampbell/2713186691/in/faves-126999639@N06/

Capítulo 2
2- Creative commons licensed (BY-ND) flickr photo by Hartwig HKD
https://www.flickr.com/photos/h-k-d/3297825515

Capítulo 3
1- Creative commons licensed (BY) flickr photo by Diego da Silva https://www.flickr.com/photos/natura_pagana/4401969438

Capítulo 4
1- Creative commons licensed (BY-ND) flickr photo by Hartwig HKD
https://www.flickr.com/photos/h-k-d/3357267781/in/photostream/
2- Creative commons licensed (BY-ND) flickr photo by Hartwig HKD
https://www.flickr.com/photos/h-k-d/3135499223/in/faves-126999639@N06/

Capítulo 5
1- Creative commons licensed (BY-ND) flickr photo by Hartwig HKD
https://www.flickr.com/photos/h-k-d/3295382105/in/faves-126999639@N06/

Capítulo 6
1- Creative commons licensed (BY) flickr photo by Leo Grübler
https://www.flickr.com/photos/leo-gruebler/6420118437
2- Creative commons licensed (BY-ND) flickr photo by Hartwig HKD
https://www.flickr.com/photos/h-k-d/2982647864/in/faves-126999639@N06/

Capítulo 7
1- Creative commons licensed (BY-SA) flickr photo by Smudge 9000
https://www.flickr.com/photos/smudge9000/10508052073
2- Creative commons licensed (BY-SA) flickr photo by Mr Hicks46
https://www.flickr.com/photos/teosaurio/8857853963/in/photolist-9U8CDz-euJPo4-gk1dd8-fTorNX-e9Fxio-6znkDx-qCGQq4-e58Ltv-52HLX7-9m4x3-nUWvZa-9Fnrvf-apu1Bm-fGkcpv-ofo2xQ-ndr71c-iR7ncS-ofo2tS-oA6u8-bEigyC

Capítulo 8
1- Creative commons licensed (BY-SA) flickr photo by Raphaël Labbé https://www.flickr.com/photos/ulikleafar/2875709614

Capítulo 9
1- Creative commons licensed (BY-ND) flickr photo by Hartwig HKD https://www.flickr.com/photos/h-k-d/4715374568/in/photostream/

Capítulo 10
1- Creative commons licensed (BY) flickr photo by Nicolas Raymond
https://www.flickr.com/photos/80497449@N04/10567850163/in/photolist-h6QZFa-bp6Lz9-5hrGMc-dTzTdD-6BUtuy-HCK7b-NhvMG-57tVJH-83eU16-8DQX8Z-5ZHGCn-6DPmmW-buJk5f-S7Ec1-68w7Uc-pZmD99-pKHFPX-7vokxk-f2Fxx1-6EqoSA-AZ5Xu-p2nz4i-4FrTXP-9w6FNk-8QNcE-8eDrnN-q2CWw-bcMmDT-7nC7hi-bC1Jkr-bC1FHe-78aUBs-7GhWwE-7GBSyp-4E25jg-4c365w-gfo1Fs-qq2wAP-fhH7Nt-b1sH2P-9XBo6a-bFjq3-BEb5Z-dpU3Li-4GjxNY-zN6Vg-8ir8QK-aFVrAZ-8vaaoB-4GcFUv
2- Creative commons licensed (BY) flickr photo by alainlm
https://www.flickr.com/photos/alainlm/3307307432
3- Creative commons licensed (BY-SA) flickr photo by Petras Gagilas https://www.flickr.com/photos/gagilas/2837490957

Capítulo 11
1- Creative commons licensed (BY-ND) flickr photo by Chuck Coker https://www.flickr.com/photos/caveman_92223/3024787175/in/faves-126999639@N06/
Capítulo 12
1- Creative commons licensed (BY-SA) flickr photo by Hisashi https://www.flickr.com/photos/hisashiv/1183677931
Creative commons licensed (BY) flickr photo by Atiku Abubakar
https://www.flickr.com/photos/atiku11/5035392445
2- Creative commons licensed (BY-ND) flickr photo by Hartwig HKD https://www.flickr.com/photos/h-k-d/4387411713/in/faves-126999639@N06/
3- Creative commons licensed (BY-SA) flickr photo by Elsamuko https://www.flickr.com/photos/28653536@N07/2879128071/in/faves-126999639@N06/

Capítulo 13
1- Creative commons licensed (BY) flickr photo by Derek Winterburn https://www.flickr.com/photos/dnwinterburn/8673368024
2- Creative commons licensed (BY-SA) flickr photo by Kamil Porembiński https://www.flickr.com/photos/paszczak000/4736487036
Capítulo 14
1- Creative commons licensed (BY-ND) flickr photo by Hartwig HKD https://www.flickr.com/photos/h-k-d/3643690044/in/photostream/
2- Creative commons licensed (BY) flickr photo by Maxwell Hamilton https://www.flickr.com/photos/mualphachi/10353071926/in/faves-126999639@N06/
3- Creative commons licensed (BY-ND) flickr photo by Hartwig HKD
https://www.flickr.com/photos/h-k-d/2774722999/in/faves-126999639@N06/
Capítulo 15
1- Creative commons licensed (BY-SA) flickr photo by Karsten Seiferlin https://www.flickr.com/photos/timecaptured/9254996177/in/faves-126999639@N06/
Capítulo 16
1- Creative commons licensed (BY-SA) flickr photo by Ricardo Liberato https://www.flickr.com/photos/liberato/2557459526
2- Creative commons licensed (BY-ND) flickr photo by Hartwig HKD
https://www.flickr.com/photos/h-k-d/6105644516/in/faves-126999639@N06/
Capítulo 17
1- Creative commons licensed (BY-ND) flickr photo by S C Hargis https://www.flickr.com/photos/schargis/4874641172/in/faves-126999639@N06/
2- Creative commons licensed (BY-ND) flickr photo by James Jordan https://www.flickr.com/photos/jamesjordan/3854119465/in/faves-126999639@N06/
Capítulo 18
1- Creative commons licensed (BY-ND) flickr photo by ElizabethHudy https://www.flickr.com/photos/elizabethhudyphotography/7612804812/in/faves-126999639@N06/
Capítulo 19
1- Creative commons licensed (BY) flickr photo by DonkeyHotey https://www.flickr.com/photos/donkeyhotey/6143616487/in/faves-126999639@N06/
Capítulo 20
Creative commons licensed (BY) flickr photo by Shan Sheehan https://www.flickr.com/photos/47217301@N06/5600537095/in/faves-126999639@N06/
Capítulo 21
1- Creative commons licensed (BY) flickr photo by Ingrid Taylar https://www.flickr.com/photos/taylar/2391457692/in/photostream/
Capítulo 22
1- Creative commons licensed (BY) flickr photo by Marc Wellekötter http://goo.gl/1EbGW6
Capítulo 24
1- Creative commons licensed (BY) flickr photo by faungg's photo https://www.flickr.com/photos/44534236@N00/15017541609/in/faves-126999639@N06/
Epílogo
1- Creative commons licensed (BY) flickr photo by Janine https://www.flickr.com/photos/geishabot/3776879578/in/faves-126999639@N06/
2- Creative commons licensed (BY) flickr photo by p-a-t-r-i-c-k https://www.flickr.com/photos/patrickkiteley/2634401177
Anexo I
1- Creative commons licensed (BY) flickr photo by Alex Brown http://goo.gl/eZHlxH